5.-10. Schuljahr

Holger Cebulla

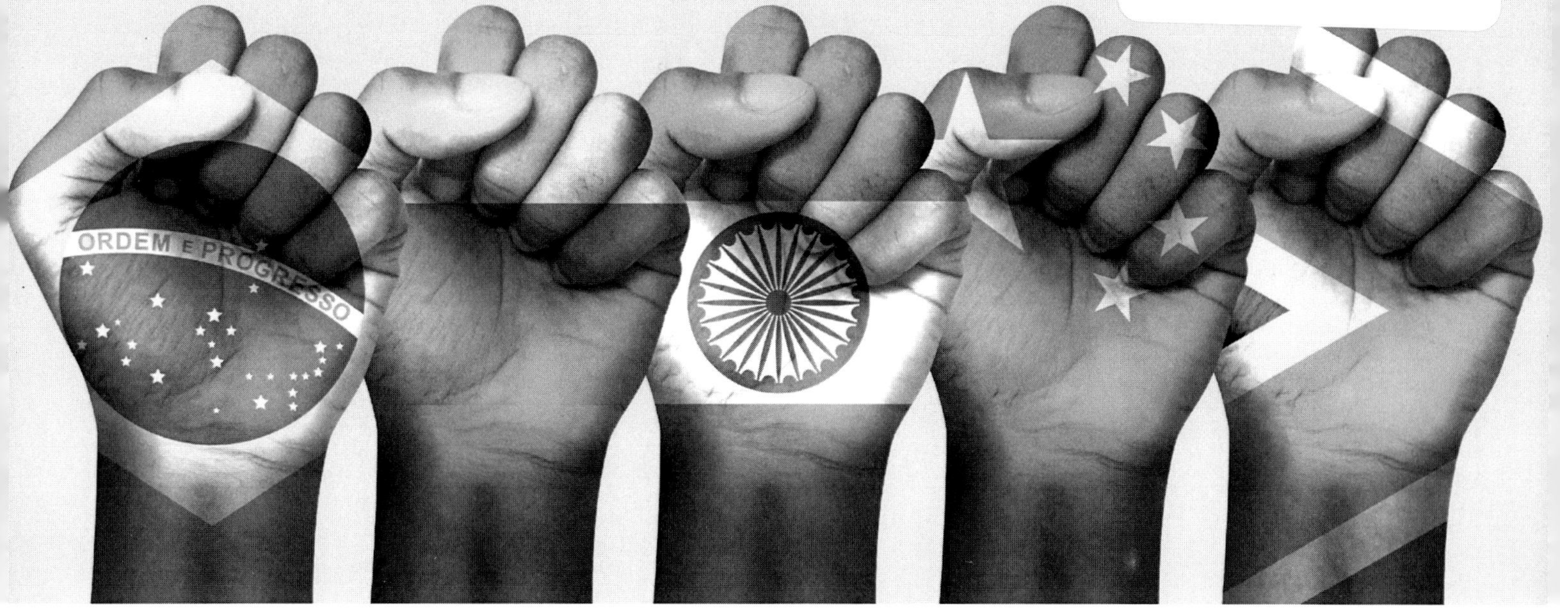

Lernwerkstatt

BRICS -Staaten

Zusammenschluss der schnell wachsenden Volkswirtschaften Brasilien, Russland, Indien, China & Südafrika

Lernen mit Erfolg
KOHL VERLAG
www.kohlverlag.de

Lernwerkstatt BRICS-Staaten

Politische und wirtschaftliche Bedeutung

1. Auflage 2024

Inhalt: Holger Cebulla
Umschlagbild: © lucky_xtian - AdobeStock.com
Redaktion: Kohl-Verlag
Grafik & Satz: Eva-Maria Noack / Kohl-Verlag
Druck: farbo prepress GmbH, Köln

Bestell-Nr. 13 060

ISBN: 978-3-98841-132-7

Bildquellen © AdobeStock.com:

S. 3: Peter Hermes Furian (bearb.); **S. 5**: nerthuz; **S. 6**: Comugnero Silvana; **S. 7**: agrus; **S. 8**: magele-picture; **S. 9**: Mastr; **S. 10**: Bumble Dee; **S. 11**: grgroup; **S. 12**: 12ee12, Elina Leon; **S. 13**: moonrun, Ayub; **S. 14**: Archer7, Quality Stock Arts; **S. 15**: Warning signs; **S. 17**: Joaquin Corbalan, NIKHIL; **S. 18**: scaliger, Imago Photo; **S. 19**: lourens; **S. 20**: Jon Anders Wiken; **S. 21**: Oleg; **S. 23**: Yellow Boat; **S. 24**: Michael Eichhammer, ayselucar; **S. 25**: MasterSergeant; **S. 26**: ginkaewicons, danlersk; **S. 27**: MasterSergeant; **S. 28**: Production Perig; **S. 29**: gnurf; **S. 30**: Hermes Furian (bearb.); **S. 39**: Hermes Furian (bearb.)

Bildquellen © wikimedia.org:

S. 9: gemeinfrei; **S. 15**: Olga Ernst; **S. 24:** gemeinfrei

Inhalt

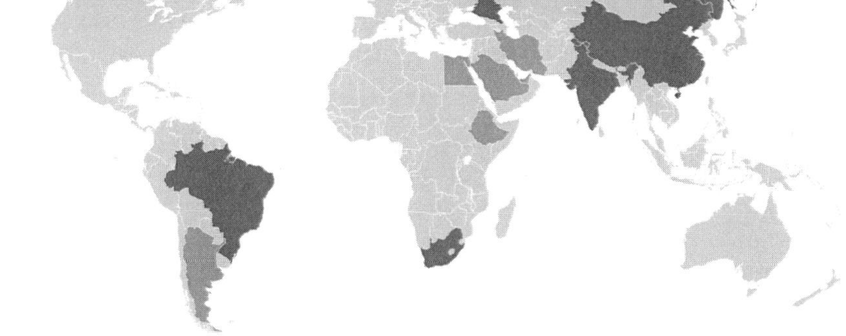

KOHL VERLAG Lernwerkstatt BRICS-Staaten
Politische und wirtschaftliche Bedeutung – Bestell-Nr. 13 060

Vorwort

China, Russland und Indien haben in den letzten Jahren immer mehr Einfluss in der Weltpolitik erlangt. Wenig bekannt ist allerdings, dass dieser Einfluss auch mit dem BRICS-Bündnis zusammenhängt. Der Name BRICS wurde aus den Anfangsbuchstaben der fünf Staaten gebildet, die diesem angehören, neben oben genannten sind das noch Brasilien und Südafrika.

Der rasante wirtschaftliche Aufstieg dieser Länder ist im Wesentlichen für diesen Einfluss verantwortlich. 31,5 Prozent aller auf der Welt erzeugten Güter und Dienstleistungen kommen inzwischen aus den BRICS-Ländern, ihr Anteil am Welthandel ist immer mehr gewachsen.

In diesem Heft wird zuerst die Entstehung des BRICS-Bündnisses beschrieben, dann dessen Ziele. Es folgt eine kurze Charakterisierung der ihm angehörenden Staaten. Die Handelsbeziehungen zwischen BRICS und der EU bzw. Deutschland sowie deren wirtschaftliche Abhängigkeit von den BRICS-Staaten sind ein weiteres Thema. Erörtert wird dann, welche Folgen die wirtschaftlichen Sanktionen des Westens gegenüber Russland für die BRICS-Länder haben, und welchen Einfluss BRICS auf Dritte-Welt-Staaten und Entwicklungsländer ausübt. Es folgt eine Einschätzung und Bilanz, welche ihrer Ziele BRICS bisher erreicht hat und welche Veränderungen sich durch die Neuaufnahme weiterer Staaten 2024 ergeben werden. Befürchtet wird vor allem, dass dann autoritär regierte Länder immer mehr Einfluss in der Welt bekommen könnten.

Die folgende Lernwerkstatt ist geeignet für den Einsatz in der Sekundarstufe. Neben Rätseln, Ankreuzaufgaben und klassischen Fragen kommen ebenso verschiedene Methoden des kooperativen Lernens zum Einsatz. Diese ermöglichen eine Kombination aus individuellem und eigenverantwortlichem mit gemeinsamem und sozialem Lernen.

Viel Erfolg mit den Aufgaben und viele neue Erkenntnisse wünschen Ihnen und Ihren Schülern* der Kohl-Verlag und

Holger Cebulla

Aufgrund der besseren Lesbarkeit wird im Folgenden die männliche Form Schüler bzw. Lehrer verwendet. Gemeint sind damit selbstverständlich auch die weiblichen Personen.

1 Wer sind die BRICS-Staaten?

Brasilien, Russland, Indien, China und Südafrika – zusammengefasst unter dem Begriff „BRICS-Staaten“ – haben in den letzten Jahren immer mehr Einfluss in der Weltpolitik erlangt.

Der Grund hierfür ist vor allem der rasante wirtschaftliche Aufstieg dieser Länder. Ihr Anteil am Bruttosozialprodukt (= Wert aller erzeugten Güter und Dienstleistungen) der Welt stieg von gut zehn Prozent im Jahre 1980 auf 31,5 Prozent im Jahr 2022. Das der G7-Staaten (Deutschland, Frankreich, Großbritannien, Italien, Japan, Kanada und USA) hingegen ging von 1980 um rund 50 Prozent auf heute 30 Prozent zurück. Die BRICS-Staaten haben aufgrund dieser weit überdurchschnittlichen Zuwachsraten ihrer Wirtschaftsleistung einen immer größeren Anteil am Welthandel. Dies trifft vor allem für China zu, der mächtigsten Volkswirtschaft des Blocks. Mehr als 40 Prozent der Weltbevölkerung leben in den fünf BRICS-Ländern.

2009 wurde BRICS als loser Zusammenschluss von Staaten gegründet, wobei Südafrika erst 2011 Mitglied wurde. Im Gegensatz zur EU, die eigene Entscheidungsgremien hat (z. B. das Europäische Parlament, den Europäischen Rat, die Europäische Kommission) verfügt BRICS nicht über solche. Es finden nur Beratungen und Besprechungen der Staaten untereinander statt und einmal jährlich ein Gipfeltreffen.

EA **Aufgabe 1**: *Wofür stehen die Buchstaben „BRICS“?*

B ______________________________

R ______________________________

I ______________________________

C ______________________________

S ______________________________

EA **Aufgabe 2**: *Beantworte folgende Fragen.*

a) *Warum hat BRICS in den letzten Jahren immer mehr Einfluss in der Weltpolitik erlangt?*

b) *Worin unterscheidet sich BRICS von der EU?*

Lernwerkstatt BRICS-Staaten
Politische und wirtschaftliche Bedeutung – Bestell-Nr. 13 060
KOHL VERLAG

1 Wer sind die BRICS-Staaten?

In mehr als 30 Abkommen und Absichtserklärungen haben die BRICS-Partner die rechtlichen Grundlagen für ihre Zusammenarbeit geregelt, beispielsweise im Finanz- und Bankensektor und bei Zöllen. Es gibt auch Regeln für einen fairen Wettbewerb konkurrierender Unternehmen der BRICS-Staaten und die Verbesserung ihrer Zusammenarbeit in den Bereichen Wissenschaft und Technologie. Ziel der Allianz ist es, ein Gegengewicht zur Dominanz des Westens beim internationalen Handel zu bilden und vor allem auch den Handel untereinander zu verstärken und besser zu koordinieren. So wollen sie sich von der Abhängigkeit des US-Dollar als globaler Leitwährung lösen. Sie streben daher auch an, eine gemeinsame Währung zu schaffen, ähnlich dem Euro für die EU Staaten. Sie fordern auch ein größeres Mitspracherecht in internationalen Organisationen wie den Vereinten Nationen, dem Internationalen Währungsfonds (IWF), der Weltbank und der Welthandelsorganisation (WTO).
2014 gründeten die BRICS-Staaten eine eigene Entwicklungsbank als Gegengewicht zur Weltbank und IWF. Die fünf Mitglieder sind hinsichtlich ihrer Größe, Wirtschaftskraft und Außenpolitik sehr verschieden. Aber sie verbindet vor allem der Wunsch nach einer Welt, in der sie nicht mehr am Rande stehen und die USA als Supermacht weniger dominiert. In den BRICS-Staaten gibt es sowohl demokratisch gewählte als auch autoritäre Regierungen, aber die Kooperation miteinander läuft zufriedenstellend.
Dieses Zweckbündnis wurde international zunächst nicht als ernste Herausforderung angesehen. Heute ist BRICS attraktiver als je zuvor und viele Länder wollen ihm angehören. Zum 1. Januar 2024 sind unter dem neuen Namen „BRICS plus“ Argentinien, Ägypten, Äthiopien, Iran, Saudi-Arabien und die Vereinigten Arabischen Emirate der Staatengemeinschaft beigetreten. So werden autoritär regierte Staaten mehr Einfluss auf das Weltgeschehen bekommen, prognostizieren Experten, denn nur Brasilien, Indien, Südafrika und Argentinien gelten als (schwache) Demokratien.

EA **Aufgabe 3**: *Fülle die Lücken in dem Text.*

Die Schwerpunkte der Zusammenarbeit von BRICS liegen im Finanz- und Bankenbereich, bei _____________ und einem ____________ Wettbewerb konkurrierender Unternehmen. Das Ziel des Bündnisses ist es, ein Gegengewicht zur Dominanz des ________________ beim internationalen Handel zu bilden und sich von der Abhängigkeit des ________________ als globaler Leitwährung zu lösen. Sie wollen eine gemeinsame _______________ schaffen und außerdem ein größeres ____________________ in internationalen Organisationen erreichen.

EA **Aufgabe 4**: *Wie heißen die jeweiligen Währungen in den fünf BRICS-Staaten? Recherchiere.*

EA **Aufgabe 5**: *Beantworte die folgenden Fragen.*

a) *Welche Staaten sind BRICS zum 1. Januar 2024 zusätzlich beigetreten?*

b) *Welche Folgen werden sich durch den Beitritt dieser Staaten wahrscheinlich auf das Weltgeschehen ergeben?*

KOHL VERLAG Lernwerkstatt BRICS-Staaten Politische und wirtschaftliche Bedeutung – Bestell-Nr. 13 060

1 Wer sind die BRICS-Staaten?

EA **Aufgabe 6**: *Male alle BRICS-Gründungsmitglieder in einer Farbe deiner Wahl an. Male anschließend alle Länder, die 2024 dem Bündnis beigetreten sind, in einer anderen Farbe an. Beschrifte die Länder. Nimm dir notfalls einen Atlas zu Hilfe.*

KOHL VERLAG Lernwerkstatt BRICS-Staaten
Politische und wirtschaftliche Bedeutung – Bestell-Nr. 13 060

2 Exkurs: Wichtige Begriffe aus der Wirtschaft

Gruppenpuzzle

1. Die Klasse teilt sich in insgesamt vier Gruppen auf. Jede Gruppe erhält einen anderen Textabschnitt.
2. Jedes Gruppenmitglied liest nun für sich diesen Textabschnitt durch und markiert zentrale Informationen.
3. Anschließend werden die Ergebnisse in den Gruppen besprochen, Unklarheiten und offene Fragen geklärt.
   Jeder soll zu einem Experten für seinen Textabschnitt werden.
4. Nun mischen sich die Gruppen zu kleineren 4er-Gruppen: In jeder Gruppe muss jeweils ein Experte für jeden Textabschnitt vertreten sein.
5. Jetzt erklärt jeder den anderen beiden Gruppenmitgliedern die zentralen Informationen seines Textabschnitts.
6. Im letzten Schritt treffen sich alle wieder in ihrer ursprünglichen Gruppe und erzählen sich gegenseitig, was sie in den 4er-Gruppen über die anderen Textabschnitte erfahren haben.

- Text 1 -

Bruttoinlandsprodukt (= BIP)

Addiert man die Verkaufspreise aller Waren und Dienstleistungen, die in einem Land innerhalb eines Jahres hergestellt wurden, und zieht von diesen deren Vorleistungen ab, erhält man das BIP, dargestellt als eine Zahl, i. d. R. in Dollar bzw. Euro Währung.

Damit ein Unternehmen Güter herstellen kann, müssen zuerst einmal Roh-, Hilfs- und Betriebsstoffe, Fertigteile, Halbfabrikate von anderen Unternehmen gekauft werden. Sie werden als Vorleistungen bezeichnet. Bei der Berechnung des BIP werden diese vom Wert des erstellen Produkts abgezogen, denn deren Kaufpreise sind ja in diesem Wert mitenthalten. Andernfalls würden sonst Mehrfachbewertungen erfolgen.

Je effektiver die Produktionsanlagen und -techniken eines Landes sind, desto mehr und bessere Waren kann es produzieren und umso höher wird sein BIP sein. Das BIP ist also eine Maßzahl für den materiellen Wohlstand und die Wirtschaftskraft eines Landes. Steigt das BIP, so steigt die Menge an Gütern, die Haushalte konsumieren können.

Das Bruttoinlandsprodukt pro Kopf bedeutet, dass der Wert des BIP durch die Anzahl der in einem Land lebenden Menschen geteilt wird. So erhält man quasi den Wert, den jeder einzelne der Bevölkerung produzierte. Eine Veränderung des BIP zum Vorjahr bzw. Vormonat wird in einer Prozentzahl angegeben.

KOHL VERLAG
Lernwerkstatt BRICS-Staaten
Politische und wirtschaftliche Bedeutung – Bestell-Nr. 13 060

2 Exkurs: Wichtige Begriffe aus der Wirtschaft

- Text 2 -

US-Dollar als globale Leitwährung

Als Leitwährung bezeichnet man eine Währung, die beim internationalen Handel mit Gütern vorrangig verwendet wird. Sie muss uneingeschränkt in andere Währungen umtauschbar sein und in ausreichendem Maße global verfügbar, sonst könnten sich Engpässe bei Zahlungen ergeben (= Liquiditätsengpässe). Seit 1944 ist der Dollar eine solche Leitwährung, vor allem, weil er im Vergleich zu vielen anderen Währungen eine geringe Inflationsrate aufweist. Durch die Abrechnung des Warenverkehrs in Dollar werden Wechselkursschwankungen vermieden und der Preis für Waren bei unterschiedlichen Anbietern auf der Welt kann schnell miteinander verglichen werden.

Wird eine Währung in eine andere umgetauscht, gibt es dafür einen Wechselkurs.

Dieser drückt aus, in welchem Verhältnis der Tausch erfolgt. Er ist also der Preis einer Währung. Besteht ein erhöhtes Angebot in einer Währung bei geringerer Nachfrage, fällt der Kurs dieser Währung und umgekehrt – es gibt also Wechselkursschwankungen. Eine Abwertung des Euro z. B. macht die europäische Währung in den USA billiger und umgekehrt den Dollar in den Euro-Ländern teurer. Die Europäer müssen dann statt 1 Euro z. B. in den USA 1,10 Euro je Dollar bezahlen. So werden USA-Waren für Europäische Unternehmen teurer.

- Text 3 -

Welthandelsorganisation (= WTO)

Die WTO ist eine Institution, deren vorrangiges Ziel ist, Handelshemmnisse im weltweiten Handel abzubauen, z. B. die Senkung oder Abschaffung von Zöllen und Einfuhrbeschränkungen für bestimmte Waren. Um dies zu erreichen, führt sie Verhandlungen mit betroffenen Staaten bzw. Unternehmen und überwacht die Handelspolitik ihrer Mitglieder.

Weltweiter Handel ohne Hemmnisse bewirkt eine Ausweitung des Welthandelns, wovon insbesondere die Entwicklungsländer profitierten. Ihr Anteil am Warenexport hat sich seit den 1970er Jahren beinahe verdoppelt.

Die WTO hat zurzeit 164 Mitglieder, unter anderem auch alle BRICS-Staaten.

2 Exkurs: Wichtige Begriffe aus der Wirtschaft

- Text 4 -

Internationaler Währungsfond (= IWF) und Weltbank

Der Internationale Währungsfonds (IWF) wurde 1945 mit dem Ziel errichtet, dass die Mitglieder (derzeit 189 Länder) in Fragen der internationalen Währungspolitik zusammenarbeiten. Der Handel zwischen den Ländern weltweit soll gefördert und Handelsbeschränkungen abgebaut werden. Eine wichtige Aufgabe des Währungsfonds ist es auch, Mitgliedsstaaten, die in einer wirtschaftlichen Krise stecken, Geld zu leihen, um ihnen aus den Zahlungsschwierigkeiten zu helfen. Solche Kredite finanziert der IWF aus den Kapitaleinlagen seiner Mitgliedsländer. Die jeweils einzuzahlenden Quoten richten sich nach der Finanzkraft der Länder.

Weltbank mit Hauptsitz in Washington, D. C.

Oberstes Ziel der Weltbank ist die Verringerung der Armut und die Verbesserung des Lebensstandards in den Entwicklungsländern. Die Weltbank finanziert sich aus Einzahlungen ihrer Mitgliedsstaaten, aus dem Verkauf von Anleihen und Rückzahlungen aus gewährten Darlehen.

Die durch die Weltbank geförderten Projekte sind u. a. die Bereitstellung von Krediten für Menschen in Entwicklungsländern. Beispielsweise werden Darlehen an Familien vergeben, die mit diesem Geld ein Stück Land pachten oder selbst einen Handwerksbetrieb aufbauen und so ihre eigene Existenz sichern. Auch Aufklärungskampagnen über AIDS, Förderung der Bildungsmöglichkeiten für Mädchen, Verbesserung der medizinischen Versorgung werden von der Weltbank finanziert.

Weltbank und Internationaler Währungsfonds (IWF) werden aufgabenteilig tätig: Der IWF gewährt vornehmlich kurzfristige Zahlungsbilanzhilfen. Die Weltbank bezweckt langfristige Entwicklungsfinanzierungen.

EA

Aufgabe 1: *In die folgenden Aussagen haben sich Fehler eingeschlichen. Erkenne diese, korrigiere sie und schreibe sie in dein Heft.*

1. Werden die in einem Land innerhalb eines Jahres hergestellten Verkaufspreise aller Waren zusammengezählt, erhält man das BIP dieses Landes, in der Regel angegeben in Dollar bzw. Euro.
2. Das BIP pro Kopf gibt an, wieviel Waren sich jede Bürgerin bzw. jeder Bürger kaufen kann.
3. Die Voraussetzung einer Leitwährung ist, dass sie bei jedem Handel verwendet wird und uneingeschränkt in Dollar umtauschbar ist.
4. Die WTO hat die Aufgabe, Handelshemmnisse zwischen den Entwicklungsländern abzubauen, die sie bei Verstößen auch sanktioniert.
5. Die Aufgabe des IWF ist es, Staaten, die sich in einer Wirtschaftskrise befinden, Geld zu leihen, damit sie sich aus den Zahlungsschwierigkeiten befreien können.
6. Ziel der Weltbank ist es, Armut weltweit zu verringern und den Lebensstandard zu verbessern, indem sie vor allem kurzfristig Zahlungsbilanzhilfen gewährt.

KOHL VERLAG Lernwerkstatt BRICS-Staaten
Politische und wirtschaftliche Bedeutung – Bestell-Nr. 13 060

3 Kurze Charakterisierung der BRICS-Staaten

Brasilien

Brasilien ist der nach Bevölkerung drittgrößte BRICS-Staat – ca. 215 Millionen Einwohner – und die nach Wirtschaftsleistung zehntgrößte Volkswirtschaft der Welt. Bis 2011 boomte Brasiliens Wirtschaft und lag bei einem Wachstum von durchschnittlich 4,9 Prozent pro Jahr, dann kam es u. a. durch sinkende Rohstoffpreisen in den Jahren 2015 und 2016 zu einer Rezession. Danach entwickelte sich die brasilianische Wirtschaft recht unbeständig und wuchs im Mittel langsamer als die Chinas oder Indiens. 2022 wurde ein Wirtschaftswachstum von 2,9 % erreicht. Im Jahr 2022 lag das Bruttoinlandsprodukt pro Kopf bei 8.995,03 US-Dollar.

Das Land hat den größten noch verbliebenen Regenwald und mit dem Amazonas den wasserreichsten Fluss der Welt. Beim globalen Klimaschutz spielt Brasilien so eine wichtige Rolle.

Ende Juli 2023 lag die Arbeitslosenquote in Brasilien bei rund 7,9 Prozent. In kaum einem anderen Land ist die Schere zwischen Arm und Reich so weit auseinander, wie in Brasilien. Während der Süden über moderne Wirtschaftsstrukturen verfügt, gilt der Norden und Nordosten als Armenhaus Brasiliens. In den Großstädten gibt es große Elendsviertel, in denen es teilweise nicht einmal Strom und Wasserzugang gibt. Gewalt, Drogenhandel, Kriminalität und Bandenbildung beherrschen dort den Alltag.

Brasilien ist ein demokratischer Bundesstaat mit Parlamenten auf regionaler und Bundesebene. Der Staatspräsident ist Chef der Regierung und Staatsoberhaupt in einer Person und wird direkt vom Volk gewählt. Seit 2023 ist Luiz Inácio Lula da Silva (genannt: Lula) Staatspräsident. Nach zwei Amtszeiten von 2003 bis 2011 ist er zum dritten Mal Staatspräsident Brasiliens. Auch in Brasilien gibt es viel Korruption, die selten von der Justiz verfolgt wird. Eine ineffiziente öffentliche Verwaltung schwächt die Wirtschaft, der Bildungs- und Gesundheitssektor ist wenig entwickelt bzw. ineffektiv organisiert.

EA **Aufgabe 1**: *Welche der folgenden Aussagen sind richtig, welche falsch? Korrigiere dann die falschen Aussagen.*

		R	F
1	Brasilien ist für den globalen Klimaschutz sehr wichtig.		
2	Im Norden Brasiliens gibt es moderne Wirtschaftsstrukturen, im Süden des Landes herrscht Armut.		
3	In vielen Großstädten gibt es Elendsviertel, in denen Gewalt, Kriminalität und Bandenbildung den Alltag beherrschen.		
4	In Brasilien gibt es viel Korruption, die versucht wird von der Justiz einzudämmen.		
5	Der Bildungs- und Gesundheitssektor ist wenig entwickelt bzw. ineffektiv organisiert.		
6	In Brasilien leben Menschen unterschiedlichster Hautfarbe und Herkunft, nämlich die ursprüngliche Bevölkerung und die Nachfahren der europäischen Einwanderer und afrikanischen Sklaven.		

EA **Aufgabe 2**: *In den letzten 50 Jahren wurde fast die Hälfte des Amazonas-Regenwald abgeholzt. Informiere dich darüber, warum die abgeholzten Flächen so begehrt sind.*

Lernwerkstatt BRICS-Staaten
Politische und wirtschaftliche Bedeutung – Bestell-Nr. 13 060
KOHL VERLAG

3 Kurze Charakterisierung der BRICS-Staaten

Russland

Nach Fläche ist Russland der mit Abstand größte Staat der Welt, besitzt aber eine Bevölkerung von lediglich 145 Millionen Menschen und liegt damit innerhalb der BRICS-Gruppe auf dem vorletzten Platz.

Russland hat mit 15.443 USD das höchste Pro-Kopf BIP. Das Land profitiert vor allem von seinen riesigen Öl- und Gasvorräten. Die Handelssanktionen des Westens infolge des Ukraine-Kriegs haben aber zu einer Rezession geführt; mehrfach schrumpfte das BIP. Im Juni 23 betrug die Arbeitslosenquote in Russland 3,1 Prozent.

Das politische System Russlands gilt als ein autoritäres System, obwohl es eine demokratische Verfassung hat. Kritische Beobachter sprechen von einer simulierten Demokratie. Seit 2000 ist Wladimir Putin – mit der Unterbrechung von einer Amtsperiode – Präsident der Russischen Föderation. Da er politische Stabilität, Wirtschaftswachstum und bessere Lebensbedingungen für die Bevölkerung zu Beginn seiner Amtszeit erreichte, war die Zustimmung dieser für ihn recht groß. Die Popularität Putins ist in den letzten Jahren jedoch gesunken, vor allem durch die Probleme der russischen Wirtschaft, bedingt durch die Boykottmaßnahmen der westlichen Staaten wegen des Russisch-Ukrainischen Krieges.

Oppositionelle in Russland sehen sich seit Jahren fortwährenden Repressionen ausgesetzt. Kritische Medien und diverse Social-Media-Plattformen sind verboten, ein neues Mediengesetz stellt die Verbreitung von sogenannten „Falschinformationen“, d. h. solchen, die der offiziellen Regierungsmeinung widersprechen, unter Strafen bis zu 15 Jahren Gefängnis. Putin betreibt eine Desinformationskampagne über den Krieg in der Ukraine. Bei Demonstrationen gegen den Ukraine-Krieg wird hart vorgegangen.
Alle wichtigen Entscheidungen werden von Putin und einem kleinen Kreis seiner Vertrauten getroffen. Eine kleine Oberschicht ist durch die Kooperation mit Putin sehr reich geworden.

Kreml in Moskau, Sitz der russischen Regierung

EA **Aufgabe 3**: *Finde für jeden der vier Textabschnitte eine passende Überschrift.*

1. ____________________

2. ____________________

3. ____________________

4. ____________________

EA **Aufgabe 4**: *Warum ist die Pressefreiheit für eine Demokratie so wichtig?*

KOHL VERLAG Lernwerkstatt BRICS-Staaten
Politische und wirtschaftliche Bedeutung – Bestell-Nr. 13 060

3 Kurze Charakterisierung der BRICS-Staaten

Indien

Indien hat ca. 1,42 Milliarden Einwohner und ist damit der bevölkerungsreichste BRICS-Staat. Allerdings hat es das niedrigste Pro-Kopf-BIP der BRICS-Staaten mit 2.379,21 USD. Ebenso wie China hat das Land Mitte der 2010er Jahre eine rasante wirtschaftliche Entwicklung durchgemacht, mit Wachstumsraten, die meist knapp unter denen Chinas lagen. Langfristig wird Indien wohl das am schnellsten wachsende Mitglied der BRICS-Gruppe sein.

Trotz dieser wirtschaftlichen Erfolge gibt es kein anderes Land auf der Erde, in dem so viele Menschen in Armut leben. Ein Drittel der Bevölkerung muss im Schnitt mit umgerechnet 1,90 US-Dollar und weniger am Tag auskommen. Die Arbeitslosenquote lag 2023 bei 7,8 Prozent.

Indien ist die bevölkerungsreichste Demokratie der Welt. In der Verfassung werden die Menschenrechte garantiert, es herrscht Meinungsfreiheit. Es gibt viele unterschiedliche Volksgruppen, Sprachen und Religionen. Die Analphabetenrate beträgt 30 Prozent. Trotz dieser nicht unbedingt günstigen Voraussetzungen gilt Indien als gefestigte Demokratie. Draupadi Murmu ist die Präsidentin von Indien.

Slum in Mumbai

Trotz zahlloser Probleme z. B. im Bereich Bildung, Gesundheit und Sicherheit zeigen Umfragen eine hohe Zustimmung der Bevölkerung zur Demokratie und ihren Institutionen. Notwendige Reformen kommen aufgrund der Größe und Vielfalt des Landes allerdings nur langsam voran. Auch gibt es viel Korruption, die Reformen behindert.

EA **Aufgabe 5**: *Beantworte die Fragen und schreibe in dein Heft.*

- **a)** Welches pro Kopf BIP hat Indien?
- **b)** Welches Merkmal zeigt an, dass Indien ein sehr armes Land ist?
- **c)** Welche Staatsform hat Indien?
- **d)** Wodurch zeichnet sich die indische Bevölkerung aus?
- **e)** Warum tut sich Indien schwer mit notwendigen Reformen, z. B. dem Bildungssystem?

EA **Aufgabe 6**: *Das Kastensystem wurde in Indien gesetzlich zwar abgeschafft, trotzdem haben die Kasten dort noch immer eine zentrale Bedeutung. Informiere dich über das Kastensystem und erkläre den Begriff.*

3 Kurze Charakterisierung der BRICS-Staaten

China

China ist die mit Abstand größte Volkswirtschaft der BRICS-Gruppe und seit 2010 die größte der Welt. China hat mit über 1,4 Milliarden Bewohnern auch knapp hinter Indien die zweitgrößte Bevölkerung der Welt. Beim BIP pro Kopf liegt China allerdings mit 12.813,76 USD nur an zweiter Stelle hinter Russland und knapp vor Brasilien und Südafrika. Im Juli 2023 betrug die Arbeitslosenquote in China 5,3 Prozent.

China war lange Zeit ein Billiglohnland, in dem westliche Unternehmen z. B. Textilien, Spielzeug, Haushaltsgeräte, aber auch Autos produzieren ließen. Die chinesische Staatsführung forcierte dann aber gezielt die Entwicklung hochwertiger Güter, z. B. elektrische Maschinen, Apparate und Geräte, den Flugzeugbau, die Medizintechnik etc. Die Produktionstechniken der westlichen Firmen in China dienten dabei als Vorbild. Heute ist China in vielen Bereichen den westlichen Industriestaaten mindestens gleichwertig.

Die Volksrepublik ist keine Demokratie. Sie wird von der Kommunistischen Partei Chinas (KPCh) autoritär bis totalitär regiert. In dem Ein-Parteien-Staat gibt es keine parlamentarische Opposition und keine freien Wahlen. Öffentliche Meinungs-, Religions- und Pressefreiheit sind stark eingeschränkt. Die kommunistische Partei gibt vor, welche Politik gemacht wird. Xi Jinping ist ihr Vorsitzender und gleichzeitig Staatspräsident. Er ist der mächtigste Politiker Chinas seit Mao Zedong und kann praktisch auf Lebenszeit Präsident bleiben.

EA **Aufgabe 7**: *Ergänze die Satzanfänge.*

a) Mit 1,4 Milliarden Einwohnern … ______________________________

____

b) Im Vergleich zu früher … ______________________________

____

c) In China herrscht keine Demokratie, … ______________________________

____

EA **Aufgabe 8**: *Erkläre, warum China keine Demokratie ist. Schreibe in dein Heft.*

KOHL VERLAG Lernwerkstatt BRICS-Staaten Politische und wirtschaftliche Bedeutung – Bestell-Nr. 13 060

3 Kurze Charakterisierung der BRICS-Staaten

Südafrika

Südafrika ist in nahezu allen Belangen der kleinste der BRICS-Staaten und hat mit ca. 60 Millionen, die mit Abstand geringste Bevölkerung. Es ist die mit Abstand kleinste Volkswirtschaft. Das BIP in Südafrika lag 2022 bei 6.435 US-Dollar pro Einwohner, Südafrika liegt damit derzeit auf Platz 37 der großen Volkswirtschaften. Im Vergleich zu den restlichen BRICS-Staaten weist Südafrika niedrige jährliche Wachstumsraten auf. Im Jahr 2022 waren es 1,9 %.

Naturparks mit atemberaubender Landschaft, kilometerlange Strände und die wunderschöne Stadt Kapstadt ziehen jährlich viele Millionen Touristen aus aller Welt an.

Gefährliche Stelle auf Autobahn in Südafrika (Hijacking = gewaltsame Übernahme, Entführung oder Beraubung)

Die Arbeitslosenquote betrug 2023 32,6 Prozent. Besonders stark betroffen sind junge Menschen: 63 Prozent der 15- bis 24-Jährigen sind ohne Arbeit. Mehr als die Hälfte der Einwohner Südafrikas leben unterhalb der nationalen Armutsgrenze. Betroffen ist vor allem die schwarze Bevölkerung. Die sozialen Strukturen sind instabil und die Kriminalität liegt im internationalen Vergleich auf sehr hohem Niveau. Südafrika zählt zu den Ländern mit den weltweit höchsten Mord- und Vergewaltigungsraten. In kaum einem anderen Land sind Einkommen und Vermögen so ungleich verteilt wie in Südafrika. Die Folgen der Corona-Pandemie und die durch den russischen Angriffskrieg in der Ukraine ausgelösten Preissteigerungen bei Rohstoffen, Energie und Nahrungsmitteln verschärfen die Situation. Es gibt bei der Versorgung der Bevölkerung mit Strom und Wasser vor allem in den Siedlungsgebieten der schwarzen Bevölkerung und den Armenvierteln massive Schwierigkeiten, eine Folge von Missmanagement und Korruption und damit zusammenhängenden Fehlentscheidungen bei der Planung der Energieinfrastruktur.

Südafrika war wegen seiner Apartheid-Politik weltweit isoliert. Die 1997 in Kraft getretene Verfassung begründete eine Präsidialdemokratie mit föderalen Elementen. Die Republik Südafrika gliedert sich in neun Provinzen, die über eigene Parlamente und Regierungen verfügen. Sie sind jedoch in politischen und finanziellen Fragen weniger eigenständig als die deutschen Bundesländer. Der Präsident wird alle fünf Jahre von der Nationalversammlung gewählt und ist mit weitreichenden Befugnissen und Vollmachten ausgestattet.

EA **Aufgabe 9**: *Ergänze die Satzanfänge.*

a) Eine wirtschaftlich große Bedeutung für das Land … ______________________

____

b) Vor allem die schwarze Bevölkerung … ______________________

____

EA **Aufgabe 10**: *Was versteht man unter Apartheid-Politik? Recherchiere.*

Lernwerkstatt BRICS-Staaten
Politische und wirtschaftliche Bedeutung – Bestell-Nr. 13 060
KOHL VERLAG

3 Kurze Charakterisierung der BRICS-Staaten

EA **Aufgabe 11**: *Fasse die wichtigsten Informationen über die fünf BRICS-Länder in der Tabelle zusammen.*

	Brasilien	Russland	Indien	China	Südafrika
Einwohnerzahl					
BIP pro Kopf					
Arbeitslosenquote					
Innenpolitische Herausforderungen					
Sonstiges					

KOHL VERLAG Lernwerkstatt BRICS-Staaten
Politische und wirtschaftliche Bedeutung – Bestell-Nr. 13 060

4 Wirtschaftliche Verflechtungen zwischen den BRICS-Staaten und Deutschland/der EU

China

China ist eines der rohstoffreichsten Länder der Welt. Neben Kohle, Öl und Gas verfügt es u. a. auch in großen Mengen über Eisenerz, Bauxit, Quecksilber, Phosphat und Gold. Auch Lanthan, Neodym, Praseodym und Samarium, die mengenmäßig einen großen Anteil an den Seltenen Erden ausmachen, werden in China abgebaut. Seltene Erden sind unter anderem für Akkus, Halbleiter bzw. Elektroautos unverzichtbar.

Es ist global einer der größten Produzenten von Reis und Weizen und zugleich einer der größten Importeure landwirtschaftlicher Produkte, z. B. von Futtermitteln.

China exportiert auch elektrische Maschinen, Apparate und Geräte für die Nachrichtentechnik, Büromaschinen, Smartphones und Computer.

Aus der EU und Deutschland bezieht China Datenverarbeitungsgeräte, elektrische und optische Erzeugnisse, Maschinen, Personenkraftwagen und Teile bzw. Zubehör für Kraftfahrzeuge.

China ist für Deutschland nach wie vor ein wichtiger Handelspartner.

Der wichtigste Exportpartner Chinas sind die USA, dann Hongkong und Japan.
Die Industrie in China ist im Wandel. Der Schwerpunkt der Wirtschaftssektoren hat sich in den vergangenen Jahren auf den Dienstleistungsbereich verschoben. Im Jahr 2020 waren Dienstleistungen mit 54,5 Prozent vom Bruttoinlandsprodukt der größte Wirtschaftszweig.

Indien

Der wichtigste Wirtschaftszweig Indiens ist die Landwirtschaft, etwa 47 % der arbeitenden Bevölkerung ist hier tätig. Die Textilindustrie sowie die Dienstleistungsbranche sind weitere wichtige Wirtschaftszweige.

Die wichtigsten Exportgüter Indiens sind Bekleidung, Schmuck, Chemikalien (inklusive Arzneimittel), Eisen- und Stahllieferungen und Erdölerzeugnisse.

Deutschland liefert nach Indien Maschinen, chemische Erzeugnisse, Flugzeuge, Straßenfahrzeuge, Fahrzeugteile sowie Elektrotechnik.

Namhafte deutsche Firmen wie Bosch, Volkswagen, BASF, Bayer und Adidas lassen in Indien ihre Produkte herstellen bzw. haben Joint Ventures (= Kooperation zwischen zwei Unternehmen) mit indischen Unternehmen. Die drei wichtigsten Faktoren für deutsche Unternehmen, in Indien zu investieren, sind politische Stabilität (62 %), die Verfügbarkeit guter Fachkräfte (56 %) sowie die relativ niedrigen Lohnkosten (45 %). Deutschland ist der siebtgrößte ausländische Direktinvestor in Indien.

4 Wirtschaftliche Verflechtungen zwischen den BRICS-Staaten und Deutschland/der EU

Russland

Russland ist weltweit einer der größten Exporteure von Erdgas und Erdöl und seine Wirtschaft in erheblichem Maße vom Ölpreis abhängig. Daneben besitzt Russland bedeutende Vorkommen an Uran. Außerdem liefert Russland vor allem Metalle, z. B. Nickel, Titan, Kupfer und Kohle nach Deutschland. Auch Lebensmittel – z. B. Milch, Butter und Zucker – werden nach Deutschland exportiert.

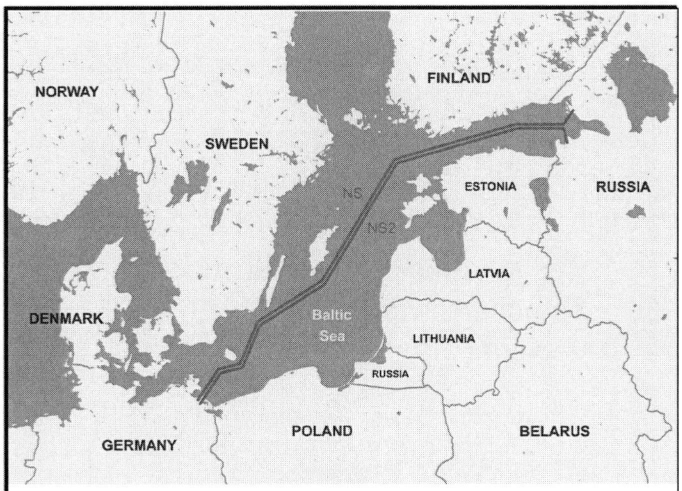

Nord Stream 1 und 2

Bedingt durch den Ukrainekonflikt sanken 2023 die Erdöl- und Gasexporte gegenüber den Vorjahren um 20,5 %.

Russland importiert vor allem Maschinen, Elektronik, Kunststoffe, Fahrzeuge, chemische und pharmazeutische Produkte. Die EU ist dabei ein wichtiger Handelspartner. 2022 gingen die Maschinenexporte nach Russland um mehr als die Hälfte zurück aufgrund der Beschränkungen wegen des Ukraine-Krieges.

Brasilien

Brasilien ist der weltgrößte Exporteur von Agrarprodukten wie Zucker, Kaffee, Sojabohnen, Orangensaft und Tabak sowie Rind- und Hühnerfleisch. Neben der Produktion von Nahrungsmitteln zählt das Land im Bergbau zu den wichtigsten Ländern der Welt. In über 8.000 Minen werden vor allem Eisenerz, Gold, Kupfer, Aluminium und Nickel abgebaut.

Sojaplantage Amazonas-Regenwald

Brasilien importiert aus Deutschland hauptsächlich Maschinen, chemische Erzeugnisse, Fahrzeuge und Autoteile. Deutschland ist der wichtigste europäische Wirtschaftspartner für Brasilien.

Vor Brasiliens Küste liegen riesige Ölfelder. Die Förderung aus tiefen Salzschichten unter dem Ozean ist vergleichsweise teuer, weswegen die Südamerikaner für eine lukrative Produktion auf einen hohen Ölpreis angewiesen sind. Dieser ist nun, bedingt durch den Ukraine-Krieg, sprunghaft auf mehr als 100 US-Dollar pro Barrel gestiegen. Mit der Ausbeutung dieser Ölfelder könnte Brasilien zu einem bedeutenden Öl-Exporteur werden.

4 Wirtschaftliche Verflechtungen zwischen den BRICS-Staaten und Deutschland/der EU

Südafrika

Goldmine Johannesburg

Das Land besitzt riesige Goldvorkommen, etwa 30 % der Weltvorräte. Aus Südafrika kommen 70 % der Weltproduktion von Platin. Auch in der Förderung bzw. der Produktion von Mangan, Chrom, Diamanten, Asbest und Steinkohle steht Südafrika weltweit mit an führender Stelle. Zunehmend werden auch weiter verarbeitete Waren von Südafrika nach Deutschland exportiert. Dies beinhaltet Kfz-Teile und Ersatzteile, Pumpen und Flugzeugteile.

Deutschland verkauft an Südafrika vor allem Fahrzeuge, Maschinen und chemische Erzeugnisse.
Der Handel mit der EU macht ca. 38 % von Südafrikas globalem Handelsvolumen aus. Deutschland ist dabei der Haupthandelspartner.

EA

Aufgabe 1: *Trage in der Tabelle ein, welche Waren die EU bzw. Deutschland vornehmlich aus welchem BRICS-Land importiert und welche Waren exportiert werden. Mehrfachnennungen sind möglich.*

Waren	Import in die EU	Export aus der EU
Erdgas, Erdöl		
Uran		
Gold, Diamanten		
Platin, Mangan, Chrom, Asbest		
Eisenerz und Stahl		
Kupfer, Nickel		
Titan		
Aluminium		
Steinkohle		
Kfz-Teile und Ersatzteile		
Flugzeuge, Flugzeugteile, Pumpen		
Fahrzeuge, Maschinen		
Chemische Erzeugnisse		
Pharmazeutische Produkte		
Elektronik		
Kunststoffe		
Agrarprodukte		
Bekleidung		
Schmuck		
Seltene Erden		
Datenverarbeitungsgeräte		

KOHL VERLAG Lernen mit Erfolg
Lernwerkstatt BRICS-Staaten
Politische und wirtschaftliche Bedeutung – Bestell-Nr. 13 060

5 Der Ukraine-Krieg und seine Folgen

Aufgrund des Ukraine-Krieges verhängte die westliche Allianz umfassende wirtschaftliche Sanktionen gegen Russland, in der Hoffnung, Putin so den Krieg zu verteuern und ihn zu Verhandlungen zu bewegen. Beispielsweise dürfen in die EU kein russisches Rohöl, keine Kohle und andere feste fossile Brennstoffe, Stahl, Stahlerzeugnisse, Gold und Schmuck eingeführt werden. Die Einnahmen des russischen Staatshaushalts aus diesen Bereichen gingen so um fast die Hälfte zurück.

Eine nicht beabsichtigte Folge dieser Sanktionen ist allerdings, dass China und Indien aus Russland so viel Öl wie noch nie zuvor importieren, denn Putin reduzierte den Preis für Öl, um auf diese Weise mehr absetzen zu können. Russland ist damit zum größten Öllieferanten der Chinesen aufgestiegen, noch vor Saudi-Arabien. Indien verkauft das billig eingekaufte Öl aus Russland teilweise an andere Staaten weiter und macht damit entsprechende Profite.

Da die westlichen Staaten nun Erdöl, Kohle und Gas vermehrt bei anderen Staaten einkaufen müssen, konnten diese wegen der großen Nachfrage ihre Preise heraufsetzen. So verteuerten sich auch die Kosten für die Beförderung von Waren, denn der Sprit für die LKWs und Schiffe stieg so auch an, was die Transportunternehmen durch Aufschläge an die Verbraucher weiterreichten. Ein Grund beispielsweise für die gestiegene Inflationsrate in Deutschland. So verteuerten sich auch die Warenlieferungen der BRICS-Staaten untereinander und an andere Staaten, was dazu führte, dass – wenn auch nicht offen – quasi eine Art Solidarität mit Russland eintrat.

Durch den Krieg in der Ukraine haben sich daher die Spannungen zwischen dem Westen, vor allem den USA, und den BRICS-Staaten weiter verstärkt. Der UN-Resolution vom März 2022, welche Russlands Angriffskrieg verurteilte, stimmte nur Brasilien zu, Russland stimmte selbstverständlich dagegen, China, Indien und Südafrika enthielten sich der Stimme. Hinzu kommt, dass Putin mit seiner Propagandakampagne den Krieg gegen die Ukraine rechtfertigt und so gegen die „Bevormundung“ durch den Westen auch in diesem Bereich die Zustimmung der meisten BRICS-Staaten zumindest indirekt bekommt.

China
China hat von den Boykottmaßnahmen stark profitiert, da chinesische Unternehmen nun viele Waren in die BRICS-Staaten liefern, die vorher vom Westen kamen, z. B. Autos, Verbraucherelektronik. Der Handel zwischen Russland und China erreichte ein Rekordvolumen von 185 Milliarden Dollar. Dabei besteht China zunehmend darauf, seine Warenlieferungen in Renminbi abzuwickeln. Nach dem russischen Angriff auf die Ukraine haben sich auch zahlreiche westliche Banken aus Russland verabschiedet. In diese Lücke sind Geldhäuser aus China getreten. Sie haben ihr Engagement vervierfacht. So wird Chinas Einfluss innerhalb der BRICS-Staaten immer größer.

EA

Aufgabe 1: *Beantworte die Fragen.*

a) Welche Waren dürfen aus Russland nicht mehr in die EU eingeführt werden?

b) An wenn verkauft Putin nun vermehrt sein Erdöl?

c) Welche Folgen ergaben sich für die EU aus dem Boykott?

d) Warum entstand aufgrund der Boykottmaßnahmen bei den BRICS-Staaten eine indirekte Solidarität mit Russland?

Lernwerkstatt BRICS-Staaten
Politische und wirtschaftliche Bedeutung – Bestell-Nr. 13 060
KOHL VERLAG

6 Der Einfluss von BRICS auf Dritte-Welt-Staaten und Entwicklungsländer

Ein Ziel von BRICS ist es, mehr Einfluss auf der Welt zu erlangen und den der westlichen Staaten, vor allem der USA, zu verringern. BRICS versucht dabei auch Einfluss auf Dritte-Welt-Staaten und Entwicklungsländer zu nehmen. Eine Möglichkeit besteht darin, diesen Ländern Kredite zu gewähren, was vor allem China aber auch Russland tun, um so beispielsweise deren Infrastruktur zu verbessern, d. h. den Ausbau von Straßen und Verkehrswegen, was auch den Austausch von Waren zwischen den Staaten fördert und erleichtert.

Diese Kredite haben meist einen höheren Zinssatz, als die, die die Länder von der Weltbank und dem IWF bekommen könnten, aber den BRICS sind die politischen Strukturen in den Ländern relativ egal, was bei der Weltbank und dem IWF nicht der Fall ist. Die Weltbank prüft z. B. durch Gutachten, ob ein Projekt sozial bzw. umwelttechnisch verträglich ist und ob es profitabel sein wird – das kann lange dauern und ist mit viel Bürokratie verbunden. So sind Kredite durch die New Development Bank von BRICS für diese Länder häufig attraktiver. Allerdings überschulden sich die Regierungen dieser Staaten häufig bzw. können die Kredite nicht fristgerecht zurückzahlen. Die kreditgebenden Länder üben dann in der Regel Druck auf diese Regierungen aus, sich vom Einfluss des Westens zu lösen und sich BRICS enger anzuschließen bzw. machen Vorgaben, welche ihrer Waren sie primär in die BRICS-Staaten exportieren sollten.

Eine Studie des Kieler Instituts für Weltwirtschaft stellt fest, dass Entwicklungsländer immer abhängiger von Krediten werden, vor allem denen, die China vergibt. Seit der Jahrtausendwende waren das 104 Milliarden Dollar. Häfen, Brücken und Staudämme werden so u. a. finanziert. In den Kreditverträgen finden sich häufig Klauseln, dass die Kreditraten durch (billige) Erdöllieferungen zu tilgen sind. Weitere Klauseln besagen, dass, wenn die Kredite nicht wie geplant getilgt werden, die Gläubigerländer dann auf Bankkonten der Schuldnerländer Zugriff haben. Möglich ist auch, dass in einem solchen Fall Einnahmen aus Exporten, z. B. dem Ölgeschäft, an die Gläubigerländer abzuführen sind.

Durch die bevorstehende Erweiterung der BRICS-Staaten wird befürchtet, dass dieser Einfluss weiter anwachsen könnte, zumal Saudi-Arabien und die Vereinigten Arabischen Emirate reiche Länder sind, was Kreditvergaben erleichtert. Befürchtet wird auch, dass BRICS dann von autoritären Regierungen dominiert wird, wozu China, Russland, Ägypten, Äthiopien, die Vereinigten Arabischen Emirate, Saudi-Arabien und Iran zu zählen sind. Brasilien, Indien, Südafrika und Argentinien gelten als schwache Demokratien.

KOHL VERLAG Lernwerkstatt BRICS-Staaten Politische und wirtschaftliche Bedeutung – Bestell-Nr. 13 060

6 Der Einfluss von BRICS auf Dritte-Welt-Staaten und Entwicklungsländer

EA **Aufgabe 1**: *Kreuze die richtige Antwort an.*

a) BRICS vergibt Kredite an

- ◯ die USA
- ◯ die eigenen Mitglieder
- ◯ Entwicklungsländer

b) Die Bank von BRICS heißt

- ◯ New Development Bank
- ◯ Weltbank
- ◯ Internationaler Währungsfonds

c) Entwicklungsländer werden vor allem von Krediten dieses BRICS-Landes immer abhängiger:

- ◯ Indien
- ◯ Russland
- ◯ China

d) Länder, die seit 2024 ebenfalls der BRICS-Gruppe angehören (Mehrfachnennung möglich):

- ◯ Argentinien
- ◯ Iran
- ◯ Japan
- ◯ Israel
- ◯ Saudi-Arabien

EA **Aufgabe 2**: *Wozu werden die Kredite, die BRICS Dritte Welt und Entwicklungsländern geben, am häufigsten verwendet?*

EA **Aufgabe 3**: *Obwohl diese Kredite meist einen höheren Zinssatz haben, als die, die von der Weltbank und dem IWF zu bekommen sind, werden sie trotzdem von den Ländern bevorzugt angenommen. Warum ist das der Fall?*

EA **Aufgabe 4**: *Kritiker beanstanden, dass durch die Darlehen an Entwicklungsländer eine neue Zinsknechtschaft entstehe. Was ist damit gemeint?*

EA **Aufgabe 5**: *Es wird befürchtet, dass durch die bevorstehende Erweiterung der BRICS-Staaten diese immer mehr Einfluss auf Länder der Dritten Welt und Entwicklungsländer bekommen könnten. Warum könnte das der Fall sein und was ist daran negativ zu sehen?*

7 Die wirtschaftliche Abhängigkeit der EU von den BRICS-Staaten

Die EU und Deutschland sind in den letzten Jahren immer abhängiger geworden von Warenlieferungen der BRICS, vor allem auf dem Rohstoffsektor. Alle fünf Staaten sind hier führend auf dem Weltmarkt: China bei Seltenen Erden, Russland bei Öl, Erdgas und vielen Metallen, Brasilien ist einer der wichtigsten Exporteure von Eisen und Sojabohnen, Indien führt bei Diamanten und Südafrika bei Platin, Mangan, Chrom und Titan. Andererseits haben sich Warenlieferungen der EU in die BRICS-Staaten reduziert. Bei einer Fortschreibung dieser Entwicklung würde die EU mittelfristig deutlich abhängiger von BRICS, vor allem von China, als umgekehrt.

Neben diesem veränderten Warenhandel hat China auch Firmen in Deutschland aufgekauft und damit seinen Einfluss auf die deutsche Wirtschaft verstärkt. So befinden sich der Robotik-Spezialist Kuka, der Maschinenbauer Krauss Maffei, der Gabelstaplerhersteller Still, Matratzen Concord, die Modekonzerne Tom Tailor und Esprit sowie die Hotelgruppe Steigenberger in chinesischer Hand.

Um diese Abhängigkeit der EU von BRICS zu reduzieren, müssen andere Länder gefunden werden, die vor allem die o. g. Waren liefern können, allerdings auch zu einem akzeptablen Preis. Eine solche Entwicklung wird aber dauern.

EA **Aufgabe 1**: *Welche der folgenden Aussagen sind richtig, welche falsch? Korrigiere dann die falschen Aussagen.*

		R	F
1	Die Abhängigkeit Deutschlands und der EU von Warenlieferungen der BRICS-Länder hat sich in den letzten Jahren immer weiter verstärkt.		
2	Andererseits haben sich Warenlieferungen der EU in die BRICS-Staaten reduziert, vor allem nach Indien.		
3	BRICS-Staaten sind vor allem bei Rohstoffen weltweit führend.		
4	Russland ist führend bei Seltenen Erden, China bei Öl und Erdgas.		
5	Russland versucht seinen Einfluss in Ländern auszuweiten, die sich bisher im Ukraine-Krieg neutral verhalten haben.		
6	Setzt sich eine Reduzierung von Warenlieferungen der EU in die BRICS-Staaten fort, würde die EU mittelfristig deutlich abhängiger von BRICS, als umgekehrt.		
7	BRICS Einfluss auf die deutsche Wirtschaft hat sich auch dadurch verstärkt, indem die Staaten Firmen in Deutschland aufkaufen.		
8	Eine Reduzierung der Abhängigkeit der EU von Warenlieferungen aus BRICS-Staaten wird eine längerfristige Entwicklungszeit beanspruchen.		

EA **Aufgabe 2**:

Woher bekommt Deutschland sein Gas, nachdem die Gaslieferungen aus Russland gestoppt wurden?
Welche Hoffnungen gibt es bezüglich der Gasversorgung für die Zukunft?
Recherchiere.

Flüssiggastankschiff

KOHL VERLAG Lernwerkstatt BRICS-Staaten Politische und wirtschaftliche Bedeutung – Bestell-Nr. 13 060

8 Welche Ziele BRICS bisher erreicht hat

Wo sind die Fehler?

a) Jeder liest die drei Texte für sich alleine durch und streicht sich dabei die wichtigsten Aussagen an.

b) Anschließend formuliert jeder zwei Aussagen zu jedem Text (also insgesamt sechs Aussagen), in die er absichtlich jeweils einen Fehler einbaut.

c) Dann werden die fehlerhaften Aussagen mit denen des Partners ausgetauscht. Jeder hat nun die Aufgabe, die Fehler zu finden und die Aussagen zu korrigieren.

d) Zuletzt werden die korrigierten Aussagen wieder untereinander ausgetauscht. Der jeweils andere überprüft nun, ob der Fehler gefunden und korrekt korrigiert wurde.

Verdrängung des Dollar als Leitwährung

Die BRICS-Staaten erklärten auf ihrem letzten Gipfeltreffen in Südafrika, den Handel untereinander vornehmlich nur noch in ihren eigenen Landeswährungen zu betreiben. So wollen sie den Dollar als Leitwährung langfristig zurückdrängen bzw. ersetzen.

Die New Development Bank der BRICS-Staaten soll diesen Handel abwickeln. Auch soll sie Geld für Entwicklungsprojekte und Infrastrukturmaßnahmen innerhalb der fünf BRICS-Staaten bereitstellen und Sonderrücklagen bilden, die bei wirtschaftlichen Schwierigkeiten von den Mitgliedsstaaten in Anspruch genommen werden können. So sollen die Währungen und Wirtschaften der BRICS-Staaten stabilisiert werden.

Die New Development Bank ist als Kreditgeber in den Entwicklungs- und Schwellenländern in den letzten Jahren zunehmend in Konkurrenz zur Weltbank getreten. So erhielten die BRICS-Staaten mehr Einfluss in diesen Ländern.

New Development Bank

Schaffung einer gemeinsamen Währung

Das Ziel der Schaffung einer gemeinsamen Währung der BRICS-Länder, um so vor allem den Handel untereinander zu verstärken, zu vereinfachen und besser zu koordinieren, ist bisher nicht erreicht worden.

Denn dafür reicht es nicht aus, Banknoten in einer gemeinsamen Währung auszugeben. Es ist zuerst einmal ein gemeinsamer Markt erforderlich, wie ihn beispielsweise die EU-Staaten haben. Ein solcher bedeutet u. a. die Abschaffung von Zöllen, den Abbau von Handelsbeschränkungen, einheitliche Standards bei der Beschaffenheit von Waren (vgl. z. B. Bio-Siegel), gut ausgebaute Verkehrswege, um Waren problemlos von einem Land in ein anderes befördern zu können. Auch ist eine Zentralbank sinnvoll, vergleichbar der Europäischen Zentralbank, die den reibungslosen Zahlungsverkehr regelt und überwacht, für Preisstabilität sorgt, Währungsreserven bildet und für ausreichende Verfügbarkeit der Einheitswährung sorgt. Ohne diese Voraussetzungen macht eine Einheitswährung wenig Sinn, mit der ja vor allem der Handel untereinander verstärkt und vereinfacht werden soll.

Angesichts der großen Unterschiede zwischen den Volkswirtschaften von BRICS dürfte das schwierig zu bewerkstelligen sein.

8 Welche Ziele BRICS bisher erreicht hat

Stärkung der Wirtschaftsbeziehungen untereinander

Seit dem Warenboykott der westlichen Länder gegenüber Russland aufgrund des Ukraine-Krieges bezieht Russland wesentlich mehr Güter aus China als vorher, sodass damit die Beschränkungen vielfach umgangen werden.

Russland hat auch in Indien einen wichtigen alternativen Markt für sein Öl gefunden, indem es Indien Preisnachlässe gewährt. Indien ist gleichzeitig zu einer Art Durchgangsstation für russische Energieexporte geworden, die trotz der Sanktionen die westlichen Märkte erreichen.

Russland intensivierte auch seinen Handel mit Brasilien, das es als potenziellen neuen Markt für seine Düngemittel und Ölprodukte ansieht. Der Handel zwischen den beiden Ländern stieg im Jahr 2022 um sieben Prozent.

Unabhängig von dem Boykott hat auch der Handel zwischen Brasilien und China In den vergangenen fünf Jahren zugenommen, vor allem steigerte Brasilien seine Exporte von Lebensmitteln nach China.

Für Indien und Brasilien sind die USA weiterhin der wichtigste Handelspartner.

Der Warenboykott gegenüber Russland durch den Westen führte also letztlich zu verstärktem Warenaustausch der BRICS-Länder untereinander.

EA **Aufgabe 1**: *Beantworte nun die folgenden Fragen.*

a) Durch welche Maßnahmen der BRICS-Staaten soll der Dollar als Leitwährung zurückgedrängt werden?

b) Welche Vorteile versprechen sich die BRICS-Staaten durch eine gemeinsame Währung?

c) Nenne die Voraussetzungen, die zur Schaffung einer gemeinsamen Währung gegeben sein sollten.

d) Auf welche Weise versucht Russland, den Warenboykott der westlichen Länder zu umgehen?

e) Welche Folgen ergaben sich für die BRICS-Länder durch den Boykott?

EA **Aufgabe 2**: *Ein großes Problem von BRICS ist die Uneinigkeit zwischen China und Indien. Informiere dich im Internet über die ungelösten Konflikte zwischen diesen beiden Ländern.*

Lernwerkstatt BRICS-Staaten
Politische und wirtschaftliche Bedeutung – Bestell-Nr. 13 060
KOHL VERLAG

9 Aussichten

Vor allem durch die zukünftige Erweiterung von BRICS besteht die Gefahr, dass autoritär regierte Staaten immer mehr Einfluss weltweit bekommen und der von demokratisch regierten Staaten schwindet, vor allem in den Entwicklungsländern. Denn durch den Beitritt von Saudi-Arabien, Iran, den Vereinigten Arabischen Emiraten und Äthiopien würde BRICS mehr und mehr von Politikern dominiert, die von vielen als diktatorisch bezeichnet werden.

Die sechs neuen Mitglieder haben fast alle Probleme mit den westlichen Staaten. Argentiniens Währung z. B. ist so schwach, dass es sich über den internationalen Finanzmarkt kaum noch Geld leihen kann. Die New Development Bank könnte ihm dieses nun geben. Das gleiche trifft auch für Russland zu, bedingt vor allem durch die Boykottmaßnahmen.

Auch der Iran verspricht sich von einem Beitritt zu BRICS Unterstützung zu bekommen, um die USA-Sanktionen wegen seines Atomprogramms abmildern zu können. Denn die Embargo-Maßnahmen der USA – z. B. das Verbot, iranisches Rohöl einzuführen – schwächen die Wirtschaft des Iran empfindlich.

Saudi-Arabien und die Vereinigten Arabischen Emirate sehen sich wegen Menschenrechtsfragen und dem Krieg im Jemen der Kritik des Westens ausgesetzt.

In Ägypten und Äthiopien sind durch die Boykottmaßnahmen gegen Russland die Lebensmittelpreise sehr stark gestiegen, was zu Unzufriedenheit bei der Bevölkerung führte.

Der Beitritt zu BRICS hat für diese Länder den Vorteil, unabhängiger vom Westen und den USA zu werden. Sie versprechen sich dadurch, dem Druck (z. B. in Menschrechtsfragen) entgehen zu können. Was aber auch bedeutet, dass autoritär und diktatorisch regierte Staaten immer einflussreicher werden und westliche Werte wie z. B. Gleichheit, Meinungsfreiheit, Gerechtigkeit und Gewaltenteilung ins Hintertreffen geraten.

Mittelfristig wird es wahrscheinlich auch zu mehr Einfluss von BRICS in internationalen Institutionen kommen. Südafrika, Indien und Brasilien verlangen beispielsweise schon länger einen ständigen Sitz im Weltsicherheitsrat, inklusive Veto-Recht. Auch bei der Vergabe von Krediten durch die Weltbank und den Internationalem Währungsfonds werden die BRICS-Staaten künftig mehr Einfluss bekommen.

Erwähnt werden sollte wohl auch noch, dass viele Machtträger der BRICS-Staaten zwar gegen westliche Hegemonie und den US-Dollar wettern, aber ihr eigenes Geld z. B. nicht in Rubel oder Renminbi anlegen, sondern in Dollar, Euro und Pfund. Ihre Bankkonten halten sie im reichen Westen, ihre Geschäfte laufen über New York und London, ihre Kinder gehen auf westliche Universitäten.

9 Aussichten

Aufgabe 1: *Welche der folgenden Aussagen sind richtig, welche falsch? Korrigiere dann die falschen Aussagen.*

		R	F
1	Durch die geplante Erweiterung der BRICS-Staaten kann es dazu kommen, dass nicht demokratisch regierte Staaten mehr Einfluss auf das politische Weltgeschehen erlangen.		
2	Dieser Einfluss könnte sich vor allem in den neu aufgenommenen Ländern zeigen.		
3	Die demnächst neu zu BRICS gehörenden Länder hatten fast alle in der Vergangenheit Probleme mit den USA, den G7 Staaten bzw. der EU.		
4	Die New Development Bank wird wahrscheinlich Äthiopien, dessen Währung sehr schwach ist, Geld nach dessen Beitritt leihen.		
5	Der Iran verspricht sich von seinem Beitritt, von BRICS Unterstützung zu bekommen, um sein Atomprogramm weiter ausbauen zu können.		
6	Saudi-Arabien und die Vereinigten Arabischen Emirate erhoffen sich von einem Beitritt, von BRICS Unterstützung zu bekommen, um sich gegen die Kritik des Westens, Menschenrechtsfragen würden in ihren Ländern verletzt, besser behaupten zu können.		
7	Ägypten und Äthiopien erhoffen durch die New Development Bank Kredite zu bekommen, um mit diesen Unternehmen unterstützen zu können, die wegen der gestiegenen Inflation bei Rohstoffen in Not geraten sind.		
8	Der Einfluss von BRICS in internationalen Institutionen, z.B. dem Weltsicherheitsrat, wird wahrscheinlich gleichbleiben.		
9	Wer Kredite von der Weltbank und dem Internationalem Währungsfonds erhält, wird künftig stärker von den BRICS-Staaten mitbestimmt werden.		

Aufgabe 2: *Beantworte die Fragen.*

a) Welche Vorteile versprechen sich die neu beitretenden Länder von einer Mitgliedschaft bei BRICS?

b) Welche Gefahr droht den westlichen Staaten durch den Beitritt der neuen BRICS-Länder?

Aufgabe 3: *Beschreibe das Embargo der USA gegenüber dem Iran genauer, schaue dazu auch im Netz nach.*

KOHL VERLAG
Lernwerkstatt BRICS-Staaten
Politische und wirtschaftliche Bedeutung – Bestell-Nr. 13 060

10 Abschlussrätsel

EA **Aufgabe 1**: *Löse das Kreuzworträtsel. Die Buchstaben für den Lösungssatz sind farbig hinterlegt.*

1. Aufgrund ihrer starken Wirtschaftsleistung haben die BRICS-Staaten einen immer größeren Anteil am …?
2. Wieviel Prozent der Weltbevölkerung leben in den fünf BRICS-Ländern?
3. Die BRICS-Staaten haben ihre Zusammenarbeit durch Abkommen und ... geregelt.
4. Ein Ziel von BRICS ist es, ein Gegengewicht zur Dominanz des … zu bilden.
5. Wofür steht die Abkürzung „BIP“?
6. Was möchte die WTO abbauen?
7. Welches BRICS Land hat die größte Volkswirtschaft?
8. Welches BRICS-Land hat die größte Bevölkerungszahl?
9. Welche Folgen haben die Handelssanktionen des Westens gegenüber Russland für seine Wirtschaft?
10. Welches BRICS-Land nimmt beim globalen Klimaschutz eine wichtige Rolle ein?
11. In welchem der BRICS-Länder ist die Arbeitslosenquote am höchsten?
12. Welches Land ist der wichtigste europäische Wirtschaftspartner für Brasilien?
13. Südafrika besitzt etwa 30% der Weltvorräte an … .
14. Durch die Erweiterung von BRICS wird befürchtet, dass zukünftig … Regierungsformen dominieren werden.
15. In den letzten Jahren ist die EU von Warenlieferungen aus den BRICS-Staaten immer ... geworden.
16. Zu welcher Bank ist die New Development Bank als Kreditgeber in den Entwicklungsländern in den letzten Jahren zunehmend in Konkurrenz getreten?
17. Die BRICS-Länder streben eine … Währung an?
18. In welchen Ländern wird sich der Einfluss von BRICS plus vor allem erweitern?

10 Abschlussrätsel

Lösungen

1 Wer sind die BRICS-Staaten?

Aufgabe 1: Brasilien, Russland, Indien, China, Südafrika

Aufgabe 2:

a) Die BRICS-Staaten haben einen sehr starken wirtschaftlichen Aufstieg in den letzten 40 Jahren erreicht, wogegen der der G7-Staaten ziemlich zurück gegangen ist. Daher haben sie einen immer größeren Anteil am Welthandel, vor allem China, die größte Volkswirtschaft dieser Gruppe.

b) Die EU besitzt mit dem Europäischen Parlament, dem Europäischen Rat und der Europäischen Kommission, Entscheidungsgremien, die verbindliche Gesetze und Regelungen für alle EU Länder treffen. Solche Entscheidungsgremien gibt es bei BRICS nicht. Es finden nur Beratungen und Besprechungen der Staaten statt und einmal jährlich ein Gipfeltreffen.

Aufgabe 3: Die Schwerpunkte der Zusammenarbeit von BRICS liegen im Finanz- und Bankenbereich, bei Zöllen und einem fairen Wettbewerb konkurrierender Unternehmen. Das Ziel des Bündnisses ist es, ein Gegengewicht zur Dominanz des Westens beim internationalen Handel zu bilden und sich von der Abhängigkeit des US-Dollar als globaler Leitwährung zu lösen. Sie wollen eine gemeinsame Währung schaffen und außerdem ein größeres Mitspracherecht in internationalen Organisationen erreichen.

Aufgabe 4:

Brasilien:	der Real (R$)
Russland:	der Rubel (₽)
Indien:	die Rupie (₹)
China:	der Renminbi bzw. der Yuan (¥)
Südafrika:	der Rand (R)

Aufgabe 5:

a) Argentinien, Ägypten, Äthiopien, Iran, Saudi-Arabien und die Vereinigten Arabischen Emirate.

b) Autoritär regierte Staaten werden mehr Einfluss auf das Weltgeschehen bekommen, prognostizieren Experten. Denn nur Brasilien, Indien, Südafrika und Argentinien gelten als (schwache) Demokratien.

Aufgabe 6:

KOHL VERLAG Lernwerkstatt BRICS-Staaten Politische und wirtschaftliche Bedeutung – Bestell-Nr. 13 060

Lösungen

2 Exkurs: Wichtige Begriffe aus der Wirtschaft

Aufgabe 1:

1. Es fehlen neben den Waren die Dienstleistungen, auch müssen die Vorleistungen abgezogen werden, sonst käme es zu Mehrfachbewertungen.
2. Das BIP pro Kopf trifft keine Aussage darüber, wieviel Waren bzw. Dienstleistungen man sich kaufen kann, denn das hängt vom jeweiligen Einkommen ab. Es gibt an, wieviel jede einzelne Bürgerin bzw. jeder Bürger für das BIP produzierte.
3. Eine Leitwährung wird nicht bei jedem Handel verwendet, sondern nur vorrangig beim internationalen Handel. Da der Dollar diese Leitwährung ist, müssen andere Währungen in ihn umtauschbar sein.
4. Die WTO soll nicht nur Handelshemmnisse zwischen den Entwicklungsländern abbauen, sondern weltweit. Sie sanktionieren diese nicht, sondern verhandelt mit den Betroffenen Staaten bzw. Unternehmen und versucht so, sie beizulegen.
5. Das ist nur eine Aufgabe des IWF, er hilft auch nicht allen Staaten, sondern nur denen, die in ihm Mitglied sind. Seine Hauptaufgabe ist, den Handel zwischen den Ländern weltweit zu fördern und Handelsbeschränkungen abzubauen.
6. Die Weltbank versucht nicht in allen Staaten, die Armut zu verringern und den Lebensstandard zu verbessern, sondern nur in Entwicklungsländern. Sie gewährt langfristige Entwicklungsfinanzierungen.

3 Kurze Charakterisierung der BRICS-Staaten

Aufgabe 1:

		R	F
1	Brasilien ist für den globalen Klimaschutz sehr wichtig.	X	
2	Im Norden Brasiliens gibt es moderne Wirtschaftsstrukturen, im Süden des Landes herrscht Armut.		X
3	In vielen Großstädten gibt es Elendsviertel, in denen Gewalt, Kriminalität und Bandenbildung den Alltag beherrschen.	X	
4	In Brasilien gibt es viel Korruption, die versucht wird von der Justiz einzudämmen.		X
5	Der Bildungs- und Gesundheitssektor ist wenig entwickelt bzw. ineffektiv organisiert.	X	
6	In Brasilien leben Menschen unterschiedlichster Hautfarbe und Herkunft, nämlich die ursprüngliche Bevölkerung und die Nachfahren der europäischen Einwanderer und afrikanischen Sklaven.	X	

1. Brasilien ist der drittgrößte BRICS-Staat
4. Im Süden Brasiliens gibt es moderne Wirtschaftsstrukturen, im Norden des Landes herrscht Armut.
6. Die Korruption wird nur selten von der Justiz verfolgt.

Aufgabe 2: Es werden Agrarflächen geschaffen, vor allem für Rinderzucht, Futtersoja und Palmöl. Oft finden auch Brandrodungen statt, wodurch Tiere elendig verenden, Indigene ihre Heimat verlieren und die Luft verpestet wird. Die neue Regierung hat sich zwar für einen stärkeren Regenwaldschutz ausgesprochen, doch illegale Rodungen werden mit hoher Wahrscheinlichkeit trotzdem stattfinden.

Aufgabe 3: Mögliche Lösung: 1. Fläche und Einwohner; 2. Ein wirtschaftlich starker Staat; 3. Putins (Un-)Beliebtheit; 4. Unterdrückung der Opposition

Lösungen

3 Kurze Charakterisierung der BRICS-Staaten

Aufgabe 4: Dürfen Zeitungen, Radio und Fernsehen nur über das berichten, was der Regierung gefällt und die Verbreitung von anderen Ansichten unter Strafe gestellt wird, widerspricht das den demokratischen Grundprinzipien. In einer Demokratie ist es wichtig, dass die Menschen ihre Unzufriedenheit frei äußern können.

Aufgabe 5:

a) Es hat es das niedrigste Pro-Kopf-BIP der BRICS-Staaten mit 2.379,21 USD.

b) Ein Drittel der Bevölkerung muss im Schnitt mit umgerechnet 1,90 US-Dollar und weniger am Tag auskommen.

c) Indien hat die Staatsform Demokratie. In seiner Verfassung werden u. a. die Meinungsfreiheit und die Menschenrechte garantiert.

d) Es gibt eine hohe Analphabetenrate von 30 Prozent. Im Land gibt es viele unterschiedliche Volksgruppen, Sprachen und Religionen.

e) Aufgrund der Größe und Vielfalt des Landes kommen Reformen nur langsam voran. Überdies gibt es viel Korruption, die Reformen behindern.

Aufgabe 6: Im Hinduismus ist die Gesellschaft in verschiedene Gruppen aufgeteilt, in sogenannte Kasten. Zu welcher Kaste man angehört, entscheidet z. B. darüber, welchen Beruf man ausüben darf, wen man heiraten darf, mit wem man zusammen essen darf. Diejenigen, die keiner Kaste angehören, sind sehr arm und verrichten die schmutzigsten Arbeiten. Angehörige anderer Kasten vermeiden es sogar, sie zu berühren.

Aufgabe 7:

a) … hat China die zweitgrößte Bevölkerung der BRICS-Staaten.

b) … ist China kein Billiglohnland mehr, sondern ein hoch entwickelter Industriestaat.

c) … sondern China ist ein von der Kommunistischen Partei angeführter Ein-Parteien-Staat.

Aufgabe 8: In einer Demokratie darf man seine Meinung frei äußern und es darf eine Opposition geben, die anderer Meinung als die Regierung ist. Außerdem muss es in einer Demokratie die Möglichkeit geben, aus verschiedenen Parteien auszuwählen. Das Volk muss die Möglichkeit haben, eine andere Regierung zu wählen, wenn sie mit der bestehenden Regierung nicht zufrieden ist. Durch Wahlen oder Abstimmungen muss die Bevölkerung Einfluss auf die Politik haben können.

Aufgabe 9: Mögliche Lösung:

a) … haben Tourismus und Bodenschätze.

b) … ist von Armut betroffen.

Aufgabe 10: Apartheid bezeichnet die strikte Rassentrennung zwischen Weißen und Nicht-Weißen, die es noch bis in die 1990er Jahre in dem Land gab. Während dieser Zeit hatten nur weiße Menschen ein Wahlrecht, die Wohnbereiche, Schulen und auch Restaurants der weißen und schwarzen Bevölkerung mussten strikt getrennt sein, in der Politik hatten die Schwarzen nichts zu sagen.

Nelson Mandela kämpfte gegen das Apartheid-Regime, von dem er deswegen bis 1990 in Haft genommen wurde. Er bekam für sein Engagement den Friedensnobelpreis. Nach der Abschaffung der Apartheid gewann er 1994 die ersten gleichberechtigten Wahlen in Südafrika und wurde der erste schwarze Staatspräsident des Landes. Seit 1997 gibt es eine Präsidialdemokratie gegliedert in neun Provinzen. Der Präsident ist mit weitreichenden Befugnissen und Vollmachten ausgestattet.

Die Apartheid-Politik hat in Südafrika tiefe Spuren hinterlassen. Zwar konnte sich mittlerweile eine schwarze Mittel- und Oberschicht herausbilden. Doch für einen großen Teil der Bevölkerung haben sich die Lebensverhältnisse bis heute nicht spürbar gebessert.

Lösungen

3 Kurze Charakterisierung der BRICS-Staaten

Aufgabe 11:

	Brasilien	Russland	Indien	China	Südafrika
Einwohnerzahl	215 Mio.	145 Mio.	1,42 Mrd.	1,4 Mrd.	60 Mio.
BIP pro Kopf	8,995 US-Dollar	15,443 US-Dollar	2,379 US-Dollar	12,813 US-Dollar	6,435 US-Dollar
Arbeitslosen-quote	7,9 %	3,1 %	7,8 %	5,3 %	32,6 %
Innenpoliti-sche Heraus-forderungen	Armut, Kriminalität, Korruption, schlechte Versorgung mit Wasser Strom, Bildung	Sinkendes Wirtschafts-wachstum und sinkende Popularität infolge des Ukraine-Kriegs	Armut, Korruption, schlechte Versorgung mit Medizin und Bildung		Armut, Kriminalität, schlechte Versorgung mit Wasser, Strom, Korruption
Sonstiges	Wichtige Rolle beim Klimaschutz (Regenwald)	keine Presse-, Meinungs- und Informa-tionsfreiheit	nur teilweise demokra-tisch	Diktatur durch die Kommunisti-sche Partei	Auswirkungen der Apartheid noch heute spürbar

4 Wirtschaftliche Verflechtungen zwischen den BRICS-Staaten und Deutschland/der EU

Aufgabe 1:

Waren	Import in die EU	Export aus der EU
Erdgas, Erdöl	Russland, Indien, China	
Uran	Russland	
Gold, Diamanten	Südafrika, Brasilien, China	
Platin, Mangan, Chrom, Asbest	Südafrika	
Eisenerz und Stahl	Brasilien, Indien, China	
Kupfer, Nickel	Brasilien, Russland	
Titan	Russland	
Aluminium	Brasilien	
Steinkohle	Südafrika, Russland, China	
Kfz-Teile und Ersatzteile	Südafrika	Indien, China, Brasilien
Flugzeuge, Flugzeugteile, Pumpen	Südafrika	Indien
Fahrzeuge, Maschinen	China	Südafrika, Brasilien, Russland, Indien, China
Chemische Erzeugnisse	China, Indien	Südafrika, Brasilien, Russland, Indien
Pharmazeutische Produkte		Russland
Elektronik		Russland, Indien, China
Kunststoffe		Russland
Agrarprodukte	Brasilien, Russland, China	China
Bekleidung	Indien	
Schmuck	Indien	
Seltene Erden	China	
Datenverarbeitungsgeräte	China	China

Lernwerkstatt BRICS-Staaten
Politische und wirtschaftliche Bedeutung – Bestell-Nr. 13 060
KOHL VERLAG

Lösungen

5 Der Ukraine-Krieg und seine Folgen

Aufgabe 1:

a) Rohöl, Kohle und andere feste fossile Brennstoffe, Stahl, Stahlerzeugnisse, Gold und Schmuck.

b) An China und Indien zu reduzierten Preisen.

c) Da nun Erdöl, Kohle und Gas bei anderen Staaten eingekauft werden müssen, stiegen die Preise an, was auch zu einer Verteuerung der Warenbeförderungen generell führte. So stieg dadurch die Inflationsrate in den EU Ländern.

d) Die Warenlieferungen der BRICS-Staaten untereinander und an andern Staaten verteuerten sich, was zu Handelseinbußen führte und so quasi eine Art Solidarität mit Russland eintrat.

6 Der Einfluss von BRICS auf Dritte-Welt-Staaten und Entwicklungsländer

Aufgabe 1:

a) Entwicklungsländer

b) New Development Bank

c) China

d) Argentinien, Iran, Saudi-Arabien

Aufgabe 2: Mit ihnen wird die Infrastruktur verbessert, z. B. werden neue Straßen und Verkehrswege errichtet. So kann dann der Austausch von Waren zwischen diesen Staaten gefördert werden.

Aufgabe 3: Bei Krediten der BRICS wird nicht nach den politischen Strukturen der Länder gefragt, z. B. ob sie eine demokratisch gewählte Regierung haben, und es wird auch nicht geprüft, wie es die Weltbank tut, ob ein Projekt sozial bzw. umwelttechnisch verträglich ist bzw. ob es profitabel sein wird. Diese Prüfungen dauern in der Regel recht lange und sind mit viel Bürokratie verbunden.

Aufgabe 4: Die kreditnehmenden Länder überschulden sich bzw. können ihre Kredite nicht fristgerecht zurückzahlen. BRICS akzeptiert das dann zwar, aber nimmt Einfluss auf diese Länder, sich BRICS enger anzuschließen bzw. macht Vorgaben, welche ihrer Waren sie in die BRICS-Staaten exportieren sollten.

Aufgabe 5: Saudi-Arabien und die Vereinigten Arabischen Emirate sind sehr reiche Länder, was Kreditvergaben erleichtert. Da nach der Erweiterung die meisten BRICS-Staaten totalitär oder autoritär regiert werden, könnte dann der Einfluss nicht demokratischer Staaten in Dritten Welt und Entwicklungsländer stark zunehmen.

Lösungen

7 Die wirtschaftliche Abhängigkeit der EU von den BRICS-Staaten

Aufgabe 1:

		R	F
1	Die Abhängigkeit Deutschlands und der EU von Warenlieferungen der BRICS-Länder hat sich in den letzten Jahren immer weiter verstärkt.	X	
2	Andererseits haben sich Warenlieferungen der EU in die BRICS-Staaten reduziert, vor allem nach Indien.		X
3	BRICS-Staaten sind vor allem bei Rohstoffen weltweit führend.	X	
4	Russland ist führend bei Seltenen Erden, China bei Öl und Erdgas.		X
5	Russland versucht seinen Einfluss in Ländern auszuweiten, die sich bisher im Ukraine-Krieg neutral verhalten haben.	X	
6	Setzt sich eine Reduzierung von Warenlieferungen der EU in die BRICS-Staaten fort, würde die EU mittelfristig deutlich abhängiger von BRICS, als umgekehrt.	X	
7	BRICs Einfluss auf die deutsche Wirtschaft hat sich auch dadurch verstärkt, indem die Staaten Firmen in Deutschland aufkaufen.		X
8	Eine Reduzierung der Abhängigkeit der EU von Warenlieferungen aus BRICS-Staaten wird eine längerfristige Entwicklungszeit beanspruchen.	X	

2. Warenlieferungen der EU in die BRICS-Staaten haben sich vor allem nach China reduziert.
4. China ist führend bei Seltenen Erden, Russland bei Öl und Erdgas.
7. Primär China kauft deutsche Unternehmen auf, nicht BRICS generell.

Aufgabe 2: Seitdem die Gaslieferungen aus Russland gestoppt wurden, sind Hauptlieferanten Norwegen und die Niederlande. Das größte Potenzial für neue Gasquellen liegt im LNG, ein unter hohem Druck tiefgekühltes Flüssiggas. Wichtige Länder wären hier die USA, Katar, Australien, Algerien, Nigeria und Kanada.

8 Welche Ziele BRICS bisher erreicht hat

Aufgabe 1:

a) Der Handel zwischen den BRICS-Staaten soll primär in den eigenen Landeswährungen durch die New Development Bank abgewickelt werden. Sie bildet auch Rücklagen, die die BRICS-Länder bei Problemen ihrer Wirtschaft erhalten können. Der Warenaustausch untereinander soll durch die Verbesserung der Infrastruktur verstärkt werden. Projekte in diesem Bereich werden auch von der New Development Bank mitfinanziert. So sollen die Volkswirtschaften der BRICS-Staaten stabilisiert werden, was dann auch deren Währungen stabilisiert. So würde der Dollar als Leitwährung in den Hintergrund treten.

b) Eine gemeinsame Währung soll den Handel untereinander intensivieren, den Warenaustausch leichter machen, ihn besser koordinieren und das Preisniveau stabilisieren.

c) Die Voraussetzung ist ein gemeinsamer Markt mit einheitlichen Strukturen, z. B. gibt es in diesem keine Zölle, keine Handelsbeschränkungen für bestimmte Waren, die Beschaffenheit der Waren sind einheitlich festgelegt (vgl. z. B. Bio-Siegel), es gibt eine gute Infrastruktur, um Waren von einem Land in ein anderes befördern zu können. Eine Zentralbank ist zuständig für den reibungslosen Zahlungsverkehr und die Preisstabilität, bildet Währungsreserven und sorgt für ausreichende Verfügbarkeit der Einheitswährung.

Lösungen

8 Welche Ziele BRICS bisher erreicht hat

Aufgabe 1:

d) Russland bezieht viele der boykottierten Güter nun aus China und verkauft sein Erdöl zu günstigen Preisen vermehrt nach Indien und Brasilien. Auch Düngemittel verkauft Russland vermehrt nach Brasilien.

e) Der Warenboykott gegenüber Russland durch den Westen führte dazu, dass es zu einem vermehrten Warenverkehr der BRICS-Staaten untereinander kam und so der Boykott teilweise wirkungslos blieb. Vor allem die chinesische Volkswirtschaft profitiert von diesem zusätzlichen Warenverkehr.

Aufgabe 2: Seit Jahrzehnten streiten sich die beiden Rivalen Indien und China um Gebiete im Himalaya. Die beiden Atommächte rüsten in der Region auf, es kommt dort immer wieder zu gewaltsamen Konflikten zwischen Soldaten, wobei es immer wieder Todesopfer gibt.

9 Aussichten

Aufgabe 1:

		R	F
1	Durch die geplante Erweiterung der BRICS-Staaten kann es dazu kommen, dass nicht demokratisch regierte Staaten mehr Einfluss auf das politische Weltgeschehen erlangen.	X	
2	Dieser Einfluss könnte sich vor allem in den neu aufgenommenen Ländern zeigen.		X
3	Die demnächst neu zu BRICS gehörenden Länder hatten fast alle in der Vergangenheit Probleme mit den USA, den G7 Staaten bzw. der EU.	X	
4	Die New Development Bank wird wahrscheinlich Äthiopien, dessen Währung sehr schwach ist, Geld nach dessen Beitritt leihen.		X
5	Der Iran verspricht sich von seinem Beitritt, von BRICS Unterstützung zu bekommen, um sein Atomprogramm weiter ausbauen zu können.		X
6	Saudi-Arabien und die Vereinigten Arabischen Emirate erhoffen sich von einem Beitritt, von BRICS Unterstützung zu bekommen, um sich gegen die Kritik des Westens, Menschenrechtsfragen würden in ihren Ländern verletzt, besser behaupten zu können.	X	
7	Ägypten und Äthiopien erhoffen durch die New Development Bank Kredite zu bekommen, um mit diesen Unternehmen unterstützen zu können, die wegen der gestiegenen Inflation bei Rohstoffen in Not geraten sind.	X	
8	Der Einfluss von BRICS in internationalen Institutionen, z.B. dem Weltsicherheitsrat, wird wahrscheinlich gleichbleiben.		X
9	Wer Kredite von der Weltbank und dem Internationalem Währungsfonds erhält, wird künftig stärker von den BRICS-Staaten mitbestimmt werden.	X	

4. Es ist Argentinien.

5. Um sich so gegen die Sanktionen der USA wegen seines Atomprogramms besser behaupten zu können.

8. Er wird steigen.

Lösungen

9 Aussichten

Aufgabe 2:

a) Die neu beitretenden Länder hoffen, durch ihren Beitritt Unterstützung der BRICS-Länder zu bekommen, um sich so von dem politischen und wirtschaftlichen Druck, den die USA und westlichen Länder auf sie, vor allem in Menschrechtsfragen ausüben, lösen zu können.

b) Autoritär und diktatorisch regierte Staaten erlangen größeren Einfluss auf der Welt, vor allem auch in Entwicklungsländern. So wird eine Orientierung der Staaten an demokratischen Werten wie Gleichheit, Meinungsfreiheit, Gerechtigkeit, Gewaltenteilung zurückgehen.

Aufgabe 3:

Unternehmen dürfen aus dem Iran u. a. kein Rohöl mehr beziehen, wodurch der Iran fast 60 Prozent seiner Einnahmen verloren hat. Es gibt auch Einschränkungen im Bankverkehr, was den Im- und Export von Produkten behindert. Iranische Unternehmer haben aufgrund dieser Einschränkungen vielfach ihre Produktionsstätten in Nachbarländer verlegt. Es gibt auch Beschränkungen, wenn Iraner in die USA einreisen wollen, um dort ihre Geschäfte persönlich abzuwickeln. Diese Maßnahmen schwächen die iranische Wirtschaft empfindlich.

Lösungen

10 Abschlussrätsel

Aufgabe 1:

ERWEITERUNG VON BRICS

KOHL VERLAG
Lernwerkstatt BRICS-Staaten
Politische und wirtschaftliche Bedeutung – Bestell-Nr. 13 060

Aktuelle Karte der BRICS-Staaten plus Anwärter

Viktoria Weimann & Autorenteam Kohl-Verlag

Wochenplan Politik

Jede Woche übersichtlich auf einem Bogen

Wochenpläne geben durch ihren übersichtlichen Aufbau Klarheit und Struktur: der Schüler weiß genau, welche Aufgaben in welchem Zeitraum erledigt werden müssen. Durch motivierende Aufgaben werden so nicht nur die fachbezogenen Kompetenzen wie beispielsweise das Wissen über Demokratie erweitert, sondern auch die personalen Kompetenzen wie Selbstorganisation und Ausdauer. Optimales Freiarbeitsmaterial, auch zur Wissensaufrischung zuhause bestens geeignet!

7 8 9 10

92 S.	Klasse 7/8	12 537	ab 17,49 €
76 S.	Klasse 9/10	12 538	ab 15,99 €

Holger Cebulla

NEU

Afrikanische Union

Mehr als nur ein Staatenverbund!

Wir hören ständig von Bürgerkriegen, Hungersnöten, autoritären Regierungen und Verletzungen der Menschenrechte ... doch Afrika hat auch gesellschaftspolitisch weit mehr zu bieten! Für die vielen Fortschritte ist die AU verantwortlich, ein Zusammenschluss afrikanischer Länder, vergleichbar der EU. 2002 gegründet, umfasst die AU mittlerweile 55 afrikanische Staaten mit knapp 1,2 Mrd. Einwohnern. Viele Analysten sehen Afrika als den Boom-Kontinent der Zukunft. Ein Grund mehr für einen genauen Faktencheck.

Wie ist die AU entstanden? Welche Mitglieder und Organe hat sie? Welche Projekte werden vorangetrieben? Wie sind die wirtschaftlichen Beziehungen zur EU? u.v.m

5 6 7 8 9 10

40 Seiten | 13 035 | ab 12,49 €

Friedhelm Heitmann

Wir lernen Demokratie

Wie funktioniert die Volksherrschaft?

Ziel des Bandes ist es, das Demokratieverständnis zu schulen sowie schnell und effektiv zu fördern. Die wichtigsten Funktionen dieser Staatsform werden erklärt, demokratische Werte vermittelt und Prinzipien einer Volksherrschaft einfach und anschaulich erläutert.

5 6 7 8 9 10

32 Seiten | 11 674 | ab 11,99 € | PDF plus

Manuel Gross & Viktoria Weimann

Deutsche Demokratie

Das Wesen der Staatsgewalt

Grundlagen der parlamentarischen Demokratie der BRD auf der Ebene der Gemeinden, der Länder und des Bundes. Der Schwerpunkt des Bandes liegt zudem auf der Bedeutung der Bürger als Basis der Staatsgewalt. In Wahlen und Bürgerentscheiden, durch politisches Engagement und durch ihr Interesse für die diskutierten Themen legen sie wichtige Grundlagen.

9 10 11-13

56 Seiten | 11 771 | ab 12,49 € | PDF plus

Lynn-Sven Kohl

Das politische System der BRD

Dieser Arbeitsband verschafft einen grundlegenden Überblick über das politische System der Bundesrepublik Deutschland mit seinen Institutionen und Ämtern. Die Infotexte auf den Kopiervorlagen beinhalten reichlich viele Informationen und Fakten, die sich aufgrund der Komplexität des Themas auf das Wesentliche beschränken.

7 8 9 10

36 Seiten | 10 677 | ab 11,99 € | PDF plus

Birgit Brandenburg

Bürgermeister & Co

Demokratie an meinem Wohnort

Wer wählt den Bürgermeister? Was ist ein Ortsvorsteher und wer bestimmt die Mitglieder eines Ortschaftsrates? Politik wird nicht nur in den Landeshauptstädten oder in Berlin gemacht, sondern auch direkt in unseren Wohnorten. Doch wie geschieht das direkt vor Ort, in unserer Stadt? Dies wird hier verständlich und spielerisch erklärt.

5 6

48 Seiten | 12 070 | ab 12,49 € | PDF plus

Konstantin Wertenbroch & Lynn-Sven Kohl

Politik verstehen

Wahlen in Deutschland

Auf ganz einfache Art wird den Schülern aufgezeigt, wie eine Wahl zum Landoder Bundestag in der BRD abläuft. Wie und wo bekomme ich Informationen über die Wahlprogramme der Parteien? Was muss ich bei einer Wahl beachten? Was geschieht nach der Wahl? Ein kurzer Abschlusstest zum Schluss dient zur Prüfung und Festigung des Gelernten.

7 8 9 10 11-13

64 Seiten | 10 781 | ab 13,49 € | PDF plus

Rainer Scholz

Politik verstehen

Segen & Fluch der Globalisierung

Auf einfache Art und Weise werden den Schülern wichtige politische Themen vermittelt. Der Band enthält kurze Infotexte und speziell dazu ausgearbeitete Einzel-, Partner- und Gruppenaufgaben für die Freiarbeit oder zum Stationenlernen. Ein kurzer Abschlusstest zum Schluss dient zur Prüfung und Festigung des Gelernten.

7 8 9 10 11-13

88 Seiten | 11 015 | ab 16,49 € | PDF plus

Vikoria Weimann, Stefan Lamm & Tim Schrödel

Wirtschafts- & Sozialpolitik

Soziale Marktwirtschaft

Die Wirtschaftsordnung aufrechtzuerhalten, die Waage zwischen gewinnbringender und fairer Wirtschaft zu halten und möglichst sozial zu handeln, das sind wesentliche, aber sehr komplexe Aufgaben unseres Staates. Die Soziale Marktwirtschaft hat sich dies zur Aufgabe gemacht. Wie dies funktioniert, wird in diesem Band ausführlich erklärt und erarbeitet.

8 9 10 11-13

64 Seiten | 11 552 | ab 13,49 € | PDF plus

Gabriela Rosenwald

Die Europäische Union an Stationen

Um nicht den Überblick über den Aufbau der EU – Parlament, Kommission, zwei Räte – zu verlieren, bietet der Band eine gute, auf Lernstationen aufgeteilte Struktur. Die Entwicklungsstufen (Verträge von damals 6 Gründungsmitgliedern bis heute zu den 27 Mitgliedsstaaten) werden nachvollzogen. Ein Schwerpunkt ist natürlich die Wirtschaft im einzelnen – Warenverkehrsfreiheit, gemeinsame Währung, offene Grenzen, ... Die Lernstationen vertiefen dabei die Themen unterschiedlich intensiv.

5 6 7 8 9 10

80 Seiten | 12 536 | ab 15,99 €

Gabriela Rosenwald

Die Europäische Union

Mehr als ein Staatenverbund!

Was genau ist die „EU", woraus setzt sie sich zusammen und was bewirkt sie eigentlich? Die Entstehung des Bündnisses und die Organe der EU werden näher beleuchtet. Ein Überblick über die Mitgliedsstaaten wird gegeben, die bestehende Wirtschaft und die Aussichten eines der größten Wirtschaftsräume der Welt werden unter die Lupe genommen.

5 6 7 8 9 10

72 Seiten | 11 601 | ab 15,99 € | PDF plus

Michael Müller

Lernwerkstatt NATO

Geschichte & Aufgaben des Militärbündnisses

Geschichte und Entwicklung des 1949 gegründeten Atlantischen Bündnisses einschließlich seiner Ziele & Aufgaben. Informativ, umfassend und lebensnah wird auch die aktuelle Situation mit allen Problemstellungen in schülernahen Aufgabenstellungen und Anregungen dargestellt.

7 8 9 10 11-13

56 Seiten | 11 730 | ab 14,49 € | PDF plus

Michael Müller

Geopolitik - Was ist das?

Die Geopolitik verknüpft geografische Gegebenheiten mit politischen Zusammenhängen. An zahlreichen Beispielen der vergangenen und aktuellen Politik wird in Arbeitsblättern, Aufgabenstellungen, informativen Sachtexten und Illustrationen der Begriff erarbeitet. Anregungen zu wechselnden Sozial- und kooperativen Unterrichtsformen bestimmen die unterrichtliche Arbeit und unterstützen den Lernerfolg.

8 9 10 11-13

64 Seiten | 11 784 | ab 14,49 € | PDF plus

Stefan Lamm

Wasser – Ein Streitthema

Warum die Ressource Wasser Kriege provoziert

Die Bedeutung von Wasser wächst. Ob schmelzende Gletscher, radioaktiv verschmutztes Wasser, Wasser als Transportweg oder Wasserwiederaufbereitungsanlagen – Wasser ist ständig in den Medien. Eine Frage der Zeit, bis wieder Kriege um Wasser geführt werden ...

7 8 9 10 11-13

56 Seiten | 11 684 | ab 12,49 € | PDF plus

„Smart"-Phone

Autorenteam Nager IT

Der Entstehungsweg unserer IT-Geräte kritisch betrachtet

Der Band beleuchtet Missstände und Ungerechtigkeiten, die bei der Herstellung elektronischer Geräte entstehen. So wird Wissen über Missstände, globale Abhängigkeiten, Lieferketten und mögliche Handlungsoptionen für einen Wandel hin zu fairen Produktionsbedingungen vermitteln.

5 6 7 8 9 10 11 13

32 Seiten | 12 414 | ab 11,99 € | PDF plus